ABRÉGÉ D'EXTÉRIEUR,

A L'USAGE

DES OFFICIERS ET SOUS-OFFICIERS

DES DRAGONS DE LA MANCHE,

PAR

MAXIME JACQUEMIN, *Sous-Lieutenant.*

CAMBRAI.

Imprimerie de A. F. HUREZ, Imprimeur-Libraire, Grande Place, N.° 17.

1820.

AVERTISSEMENT.

L'abrégé d'extérieur, que je présente ici, n'est qu'une brève analyse du cours professé à l'école de cavalerie : on ne doit y rechercher, ni un cours complet d'hippiatrique, puisqu'on n'y traite que d'une de ses branches, ni de grands développemens, puisque je me suis seulement proposé une espèce de mnémonique, qui, en fixant les mots techniques et l'ordre des matières, puisse rappeler facilement les explications données dans les leçons, et établir un mode de division, toujours si nécessaire au succès de quelque étude que ce soit.

On ne peut réussir en extérieur, si on n'a d'abord quelques connaissances anatomiques; et celle de la squelettologie est sur-tout indispensable : car on ne peut raisonner cathégoriquement des effets, si on n'en connaît les causes.

Je suppose donc, que l'instruction préliminaire est reçue, et que l'officier a déjà une connaissance exacte du squelette, des différentes articulations, de l'anatomie de l'œil et des dents, et quelques légères notions sarcologiques et splanchnologiques : ces connaissances acquises, l'étude de l'extérieur, si éminemment attachante pour tout officier de cavalerie qui désire compléter son instruction militaire, deviendra facile; la marche des leçons n'étant plus entravée par ces explications et ces digressions auxquelles le professeur sera sans cesse obligé de se livrer pour se faire comprendre, s'il n'a pas eu le bon esprit de commencer par les premiers élémens, ou s'il n'a pas eu à sa disposition les objets nécessaires, tels qu'un squelette par exemple.

L'extérieur est d'une trop grande utilité pour que j'entreprenne ici d'en faire l'apologie, et, en effet, quel est l'officier de cavalerie, qui ne rougirait de ne pas savoir distinguer l'épaule du bras, le bras de l'avant-bras? quel est celui, dont l'amour-propre ne serait pas choqué, s'il était obligé de recourir à un paysan ignorant et grossier, pour savoir l'âge de son cheval? de ce noble animal auquel est confié, en grande partie, son salut et sa gloire; et que par cela même il ne saurait trop s'attacher à bien connaître.

Les connaissances théoriques sont loin de suffire pour être connaisseur en chevaux; et, si la pratique doit s'allier à la théorie, c'est sur-tout en hippiatrique: aussi faut-il avoir *beaucoup* et *bien vu*, pour acquérir ce tact et cette précision de jugement qui seront le résultat de l'une et de l'autre.

Je suivrai, dans cet abrégé, l'ordre établi dans le cours professé à Saumur; je parlerai d'abord de la belle conformation des parties; ensuite de leurs défectuosités; puis, enfin, des accidens qui peuvent arriver: trop heureux, si ce court extrait peut faciliter l'étude de mes compagnons d'armes et me mériter la bienveillance de mes chefs.

ABRÉGÉ D'EXTÉRIEUR.

On entend par extérieur, en hippiatrique, l'étude de toutes les parties extérieures du cheval, sous le triple rapport de leurs belles conformations, de leurs défectuosités et des accidens qui peuvent survenir.

On a divisé, d'après Bourgelat, les parties extérieures du cheval, en avant-main, corps et arrière-main ; l'avant-main comprend la tête, l'encolure, le poitrail, les ars et inter-ars, le garot, les épaules, et les bras, les avant-bras, les genoux et le reste des extrémités.

Le corps comprend le dos, les reins, les côtes, le passage des sangles, le ventre et les flancs.

L'arrière-main comprend les organes de la génération, la croupe, la queue, les hanches, les cuisses, les fesses, les grassets, les jambes, les jarrets et le reste des extrémités.

PREMIÈRE DIVISION.

DE L'AVANT-MAIN.

DE LA TÊTE.

La tête se subdivise en nuque, toupet, oreilles, parotides, gorge, front, sourcils, sallières, tempes, yeux, larmiers, joues, chanfrein, bout du nez et nazeaux; bouche, lèvres, barres, langue, palais, dents pour la démonstration de l'âge, barbe et menton ; auge et ganache.

DE LA NUQUE.

Elle a pour base la crête de l'occipital et le sommet du ligament cervical ; elle doit être saillante et légèrement aplatie postérieurement : elle est quelquefois le siège d'une affection appelée *Testudo*, qui peut avoir pour résultat la destruction du ligament.

DU TOUPET.

Il a pour base le commencement du tissu qui donne naissance à la crinière ; il sert conjointement avec les sourcils et les cils à abriter les yeux : quelquefois la mal-propreté y engendre une espèce de galle nommée *Plique polonaise*.

DES OREILLES.

Elles ont pour base *la conque*, les cartilages *scutiformes* et l'apophise *mastoïde* ; pour être bien faites, elles doivent être proportionnées à la taille de l'animal, et leur largeur en rapport avec leur hauteur. Lorsqu'elles excèdent ces proportions, le cheval est *oreillard ;* si, outre leur volume, elles sont pendantes, elles sont dites *de cochon ;* lorsqu'elles sont trop rapprochées, sur-tout par leur pointe, elles sont dites *de lièvre ;* le cheval a-t-il eu les oreilles coupées, on dit qu'il est *moineau ;* si en outre on lui a coupé la queue, on dit qu'il est *courteau.* L'accident le plus grave qui arrive aux oreilles est la *surdité ;* elle rend l'animal lourd et endormi.

DES PAROTIDES.

Elles sont formées par les glandes de ce nom ; pour être bien faites, elles doivent être de niveau avec les parties environnantes. Les maréchaux, en *battant les avives*, mettent quelquefois les canaux salivaires à découvert ; ce qui, en produisant une fistule, conduit l'animal au marasme.

DE LA GORGE.

La gorge est formée par les cartilages du *larynx* et les premiers cerceaux de *la trachée artère ;* elle attache la tête en dessous et entre les parotides : la fermeté de la gorge est ordinairement un garant de la bonté de la poitrine.

DU FRONT.

Il a pour base l'os *frontal* et une partie du *pariétal ;* il doit être légèrement aplati dans son milieu ;

lorsqu'il est concave, le cheval est dit *camus*; lorsqu'il est convexe, et que le chanfrein partage cette conformation, la tête est *busquée*; si ce défaut est excessif, elle est *moutonnée*.

DES SOURCILS.

Ils consistent en quelques poils placés au-dessus des cils dont ils sont auxiliaires; lorsqu'ils deviennent blancs, on dit que le cheval a *cilié*.

DES SALLIÈRES.

Elles sont formées anatomiquement par la fosse temporale; pour être belles, elles doivent être en rapport d'élévation avec les parties environnantes. Lorsqu'on a *dégraissé l'œil par le haut*, il existe des cicatrices aux sallières; ce qui doit faire redoubler de vigilance dans l'examen de la vue.

DES TEMPES.

Elles ont pour base les temporaux; elles doivent être bien unies avec les parties qui les entourent: quand elles offrent la trace de meurtrissures, on peut croire que l'animal est difficile à monter, seller ou ferrer, vices dangereux dans un cheval de guerre.

DES YEUX.

La beauté des yeux est loin d'être aussi importante que leur bonté, qui est reconnue à l'intégrité des membranes et à la transparence des parties qui ont ce caractère; cependant, pour qu'ils soient beaux, on les desire bien fendus et les plus grands possible, sans être trop saillans, ce qui ferait paraître l'animal *hagard* : lorsqu'ils ont une conformation contraire, ils sont dits *de cochon.* La couleur marbrée de l'iris constitue les yeux *verons.*

Les affections qui attaquent ces organes sont : la *presbitie*, la *myopie*, la *fistule lacrymale*, *l'onglée*, l'*ophthalmie*, la *fluxion périodique*, le *midrias amorose* ou *goutte serenne*, et les *albugo* ou *taies.*

La *presbitie* est l'action de ne voir que de loin ; aussi, lorsque l'animal qui en est attaqué approche des objets, il ne les voit plus qu'environnés d'un nuage et en est effrayé. La *myopie* est l'action de ne voir que de très-près ; quand les objets sont hors de la portée de la vue du cheval myope, il ne peut être *mis en confiance* : ces deux défauts, rares à la vérité, et absolument opposés, ont les mêmes résultats, et rendent l'animal fort ombrageux.

La *fistule lacrymale* s'entend de l'épanchement des larmes au dehors, soit par l'oblitération des *voies lacrymales*, soit par de petites érosions survenues aux *tarses* et aux *points ciliers*, qui, en étendant leurs ravages, finissent par la produire.

On appèle *onglée* l'apparition du *corps clignotant* sur la partie antérieure de l'œil, après sa sortie du grand angle ; c'est alors que l'ignorance *dégraisse l'œil par le bas.*

L'*opthalmie* n'est autre chose que l'inflammation

de la *conjonctive*, qui alors paraît rougeâtre ; elle est peu dangereuse lorsqu'elle est la suite de coups.

La *fluxion périodique* est la plus terrible des maladies de l'œil ; elle commence ordinairement par en attaquer un, et le détruit en causant l'*opacité du cristallin* : ensuite elle se porte sur l'autre, et le détruit de même. Ses attaques se manifestent périodiquement, assez souvent tous les mois ; alors l'œil est presque fermé, les larmes coulent au dehors, la conjonctive est fort enflammée, et l'*humeur aqueuse* troublée : au bout de huit jours environ, ces symptômes disparaissent, et l'œil redevient clair et net ; mais, après la seconde attaque, on aperçoit déjà le cristallin prendre la teinte de ces pierres appelées opales, et après la quatrième ou cinquième, la *cataracte* est consommée.

Le *midrias amorose* ou *goutte serenne* est une cécité produite par la paralysie du *nerf optique* ; l'œil alors semble intact, et cette maladie n'est reconnue qu'au défaut de contractilité de l'iris.

Les *albugo* ou *taies* sont des taches blanches qui se manifestent, soit sur la *cornée lucide*, soit sur le *cristallin* ; il est toujours à craindre, qu'en se multipliant et en augmentant de dimension, elles envahissent entièrement les parties attaquées et produisent ainsi ce que l'on appèle trivialement un *dragon*.

DES LARMIERS.

Ils ont pour base les *os lacrymaux;* c'est l'endroit extérieur sur lequel coulent les larmes lors de l'oblitération des *voies lacrymales.*

DES JOUES.

Elles ont pour base les muscles *macétaires* ou *zigomato-maxillaires ;* elles s'étendent jusqu'aux lèvres : la première partie en est unie et presque carrée ; la seconde, légèrement arrondie. Certains chevaux rassemblent dans la bouche des paquets d'alimens, ce qu'on appèle *faire magasin ;* il y a alors perte de salive ; et, s'il s'y joint l'impossibilité de bien broyer les alimens par la mauvaise conformation des molaires, le *marasme* s'en suit.

DU CHANFREIN.

Il a pour base les *os du nez ;* il doit être légèrement arrondi d'un côté à l'autre et aplati de haut en bas. Lorsque les muscroles ou licols ont enfoncé le chanfrein, cela est désagréable à la vue, et peut en outre nuire à la respiration.

DU BOUT DU NEZ ET DES NAZEAUX.

Le bout du nez s'étend depuis le chanfrein jusqu'aux lèvres; il doit être peu volumineux. La *fausse narine* est produite par un repli de la peau, qui forme une espèce de cul-de-sac ; son usage est de briser la colonne d'air lors de courses rapides ; c'est elle aussi qui produit le hennissement; on la coupe lorsqu'on veut lui ôter cette propriété. Les *fosses nazales* doivent être bien dilatées, pour faciliter la respiration ; lorsqu'il en est autrement, le cheval fait entendre, surtout pendant l'exercice, un bruit appelé *cornage*, *sifflage* ou *halay*, qui a de fâcheux résultats : le cornage est aussi produit par la présence d'un *polype* dans l'une des fosses nazales. La *membrane pithuitaire* est très-importante à considérer, car elle est le siège de plusieurs affections qui se ressemblent dans le principe, mais dont les unes ont des résultats peu fâcheux, et les autres équivalent à la perte de l'animal. La plus terrible est la morve, fléau des régimens ; et que, par prudence, on doit considérer comme contagieuse : elle a trois degrés. L'animal doit être sacrifié, lorsque la morve est caractérisée ou au second degré ; alors il y a écoulement, par un des nazeaux, d'une humeur verdâtre ; existence, sous la ganache, du côté du flux, d'une ou plusieurs glandes dures, sensibles et adhérentes à la peau et apparition de chancres à la pithuitaire. L'écoulement peu abondant, la ganache peu engorgée, peu ou point de chancres, est le premier degré de la maladie. Dans le troisième degré la cloison est percée, l'humeur infecte et sanguinolente coule des deux côtés.

La différence, entre *les gourmes* et la morve, est que dans la première maladie l'écoulement se fait par les deux nazeaux, que toute la ganache est engorgée et qu'il n'existe point de chancres.

La différence, entre un *rhume* et la morve, est que dans le premier cas, il n'y a qu'un simple écoulement sans chancres ni glandes.

Les chevaux *poussifs* jettent, pendant l'exercice, une humeur blanche, battue comme de la salive, causée par la difficulté de la respiration.

Dans la *courbature* il y a écoulement sans chancres ni glandes, ce qui ressemble à un rhume.

DE LA BOUCHE.

Elle se présente sous le rapport de l'embouchure et de la connaissance de l'âge ; elle se divise en avant et arrière-bouche, comprenant les lèvres, les barres, la langue, le canal, le palais et les dents.

DES LÈVRES.

Elles sont divisées en antérieures et postérieures ; on les desire minces et médiocrement fendues. La lèvre postérieure, trop épaisse, nuit à l'effet du mors ; trop fendues, les lèvres donnent à l'animal la facilité de prendre le *mors aux dents ;* si elles le sont trop peu, le mors porte sur les crochets et son action est très-gênée. Lorsque le cheval a les *lèvres flasques*, il les coule sous le frein pour se soustraire à son effet. Souvent, lors de la vieillesse, la lèvre postérieure devient pendante et laisse échapper la salive, ce qu'on appèle *lèvre baveuse*.

DES BARRES.

Elles ont pour base l'espace interdentaire ; c'est

dans la membrane qui les recouvre que réside leur sensibilité. Si le cheval a les barres trop sensibles on dit qu'il a *la bouche égarée*. Les barres trop rondes, trop basses ou trop charnues, ont peu de finesse.

DE LA LANGUE.

Elle est formée par un muscle appelé *lingual ;* elle ne doit être ni trop petite ni trop volumineuse : elle joue un grand rôle dans l'embouchure. Lorsqu'un cheval joue avec son mors et le goûte, et que la salive sort en forme d'écume, on dit qu'il a la *bouche fraîche ;* s'il obéit bien à la main sans être dérangé par certains à coups, on dit qu'il a une *bouche à toute main*, très-bonne qualité pour la guerre.

Un cheval a *la bouche belle* lorsqu'il l'a très-fine et qu'il ne peut supporter d'effets irréguliers, ce qui est excellent pour le manège. La *langue pendante* est celle qui sort de la bouche et reste immobile : la *langue serpentine* est celle qui sort et rentre tour-à-tour; elle est alors, outre la perte de salive, exposée au *glossantrax*, qui peut causer la mort de l'animal, ou du moins la perte d'une partie de l'organe; ce qui nuirait à la mastication et à l'embouchure.

DU PALAIS.

Il a pour base la substance charnue qui recouvre les grands maxillaires à la face interne et supérieure de la bouche. Lorsque les chevaux jettent leur gourme, le palais gonflé dépasse quelquefois le niveau des dents, on appèle cela *lampas* ou *fève*; il faut bien alors se garder d'enlever ou brûler le palais, ainsi que le font les ignorans; car ce gonflement n'est produit que par l'abondance des matériaux nécessaires au travail considérable qui se fait dans la tête à cette époque.

DE L'AGE.

Les dents par leur sortie, leur chûte, leur remplacement, leur usure, leur couleur et leur direction donnent des signes, ordinairement assez certains, pour la connaissance de l'âge.

Le fœtus, en venant au monde, prend le nom de poulain. Il n'a le plus souvent aucune incisive; quinze jours après sortent les quatre pinces.

Au bout du premier mois, sortent les quatre mitoyennes; puis les quatre coins du troisième au cinquième mois; et, à peu près à six mois, ces douze dents sont de niveau: elles se nomment *caduques* ou *dents de lait*; elles sont plus blanches et plus petites que les dents de cheval.

Entre la fin de la deuxième et le commencement de la troisième année, les pinces de cheval ont chassé celles de lait; un an après, même chose est arrivée aux mitoyennes; et ensuite aux coins, de quatre ans et demi à cinq ans: à cet âge les crochets sortent ordinairement; on dit alors que l'animal *à tout mis*:

et il cesse d'être considéré comme poulain pour prendre le nom de cheval.

Les dents de la machoire postérieure sont les premières rasées ; et, à six ans, le cheval a rasé des pinces ; à sept ans, des mitoyennes ; à huit ans, des coins ; à neuf ans, des pinces de la machoire antérieure; à dix ans, des mitoyennes; et de onze à douze, des coins de la même machoire. Alors le cheval ne *marque plus*, et on doit s'en rapporter aux signes secondaires, pour l'évaluation approximative de son âge; ces signes sont la couleur, la direction et la forme des dents.

Le cheval a ordinairement quarante dents : vingt-quatre *molaires*, douze *incisives* et quatre *crochets*. La jument n'en a que trente-six, puisqu'elle n'a des crochets que très-rarement ; lorsqu'elle en a, on dit qu'elle est *bréhaigue*.

On appèle cheval *bégu*, celui dont les dents conservent des cavités lorsqu'elles devraient être rasées ; ce défaut très-commun, joint dans beaucoup de circonstances à l'irrégularité de l'usure des dents, rend souvent l'âge des chevaux difficile à reconnaître.

DES TICS.

On nomme ainsi toute mauvaise habitude contractée par suite de maladie, ou par l'exemple de quelques douleurs. Il y a quatre sortes de tics, *le tic de l'ours*, le *tic en l'air*, le *tic d'appuy* et le *tic ron-*

geur : ce dernier est reconnu à l'inspection des dents usées en biseau.

DE LA BARBE ET DU MENTON.

Ces parties sont confondues souvent l'une avec l'autre, et servent d'appui à la gourmette. La barbe est précisément l'endroit de séparation des branches du *maxillaire* : le menton a pour base *l'apophise genienne* ; en se rapprochant de la lèvre postérieure, il devient moins anguleux ou plus aplati, ce qui sert à varier l'effet de la gourmette. Ces parties ne doivent être ni charnues, ni cicatrisées ; calleuses, ou trop garnies de poils, pour qu'elles puissent avoir le degré de sensibilité convenable.

DE L'AUGE ET DE LA GANACHE.

L'auge a pour base les branches du maxillaire ; les glandes qui environnent la langue y sont logées. L'auge trop pleine dénote un cheval qui a mal jeté ses gourmes ; et concourt, ainsi que l'empâtement du reste de la tête, à déterminer des accidens aux yeux.

La ganache est formée par la tubérosité du maxillaire; de son volume dépend le plus ou moins de facilité de placer la tête. On tâte le pouls à l'endroit où cesse la convexité de la ganache et où commencent les bords de l'auge. C'est-là aussi où passe le canal salivaire des parotides ; quand il a été coupé par quelqu'accident, la *fistule salivaire* en est la suite.

DE LA TÊTE EN GÉNÉRAL.

La tête est bien faite alors qu'elle est dite *sèche* et qu'elle se rapporte aux proportions; trop volumineuse, elle rompt l'équilibre et surcharge l'avant-main.

Lorsque la tête est trop longue, elle est appelée *tête* de *vieille* ou de *vielle;* si la tête est *décharnée*, l'animal est sujet aux accidens produits par son excès de graisse, la circulation n'étant plus libre dans l'un comme dans l'autre cas.

On desire la tête petite, mais il ne faut pas que ce soit à l'excès.

La position de la tête perpendiculaire à l'horizon est fort bonne pour le manège, mais non pour la guerre, puisqu'elle prive l'animal d'une partie de ses moyens d'impulsion : ainsi donc, pour que le cheval puisse et bien courir et être facilement gouverné, il faut que sa tête soit dans la direction de la diagonale d'un rectangle supposé inscrit autour d'elle : si elle dépasse trop cette ligne en avant, on dit que le cheval *porte au vent;* alors l'animal peut prendre le mors aux dents, et est toujours difficile à gouverner. Lorsqu'au contraire le cheval rapproche trop sa tête de son encolure, on dit qu'il *s'arme* ou *s'encapuchonne;* il peut alors annuller l'effet du mors, en appuyant les branches sur le poitrail: et s'il vient à s'emporter, il peut butter et faire *la panache.* L'excès de volume de l'avant-main, la faiblesse des extrémités antérieures et le trop d'élévation de l'arrière-main augmentent ce dangereux défaut.

DE L'ENCOLURE.

Elle donne de la grâce à l'avant-main, et, à la tête, la facilité de se placer pour recevoir l'impression du mors. L'encolure présente, outre ses faces latérales et ses deux extrémités, à son bord supérieur la *crinière*, à sa partie inférieure, la trachée artère et les goutières jugulaires. Sa beauté varie sans manquer aux proportions; cependant on la desire unie aux parties dont elle se détache, fournie à sa base et formant à sa partie supérieure un léger contour; on dit alors que l'animal a le *cou de cygne* ou l'encolure *rouée*. La conformation opposée est l'encolure *de cerf*; elle offre alors une convexité à la trachée artère: si l'encolure ne s'unit pas avec grace au corps, et qu'elle soit très-grosse près de la tête, on dit qu'elle est *fausse*. On appèle *coup de hache* un évidement qui se remarque en avant du garot; on nomme *coup de lance* une dépression irrégulière des muscles, qui forme une cavité sans lézion de la peau.

L'encolure trop longue et trop volumineuse surcharge l'avant-main; trop longue et trop grèle elle ne peut soutenir la tête, et perd une partie de son action sur les mouvemens du corps.

Les encolures trop courtes sont trop massives et sans souplesse, comme sans distinction; mais accompagnées de beaucoup de force : elles sont aussi sujettes à prendre un volume excessif dans leur milieu et elles tombent alors sur le côté, ce qui les fait nommer *encolures penchantes.*

Les accidens qui arrivent à cette partie sont : la *gale*, qui fait tomber les crins et cause le *prurit* ou vive démangeaison; le *roux vieux*, qui est une gale invétérée et le *trombus*, qui, par suite d'une saignée mal faite, cause la destruction d'une jugulaire.

DU POITRAIL.

Il est circonscrit par l'encolure, l'inter-ars et les pointes des épaules ; il a dans son milieu le prolongement du sternum et, sur les côtés, les muscles extenseurs du bras. La largeur du poitrail désigne celle de la poitrine, qualité intéressante, mais qui poussée à l'excès, rendrait l'avant-main trop volumineux : trop étroite, la poitrine empêche l'animal de pouvoir suffire à un travail qui exige une vigueur continuée. Il arrive quelquefois que la poitrine a en hauteur, ce qui lui manque en largeur; ce qui est une heureuse compensation.

On donne le nom d'*an-cœur*, *avant-cœur* ou *anti-cœur* à une affection de la nature du charbon qui attaque cette partie.

DES ARS ET INTER-ARS.

On appèle *ars* les plis de la peau à la jonction de l'avant-bras au corps, et *inter-ars* l'espace compris entre chacun d'eux ; cette dernière partie fournit les mêmes renseignemens pour la poitrine que le poitrail : l'animal peut quelquefois se *frayer aux ars*, accident peu grave et qui le fait seulement *faucher*.

DU GAROT.

Il est formé par les troisième, quatrième, cinquième et sixième *vertèbres dorsales*, et circonscrit par l'encolure, le dos et les épaules ; il doit être autant saillant que possible et médiocrement chargé de chair. Le garot, trop bas et trop rond, porte la selle en avant ; alors, le cavalier n'est plus sur le centre de gravité, les mouvemens des épaules sont gênés, et le *mal de garot* très-fréquent ; comme aussi lorsque cette partie est basse et charnue, ce qui faisant vaciller la selle cause un frottement qui le produit promptement. La croupière est insuffisante pour remédier à de semblables conformations, et l'on doit examiner alors plus scrupuleusement la bonne conformation de l'avant-main.

DE L'ÉPAULE ET DU BRAS.

L'épaule a pour base le scapulum et ses muscles qui doivent y être bien apparens, sans excès de volume, ce qui rendrait l'épaule *chargée de chair ;* le défaut opposé s'exprime par épaules *plates* ou *décharnées*.

Le bras s'étend depuis la pointe de l'épaule

jusqu'au *coude;* il doit s'unir insensiblement avec l'épaule ; de sa longueur, du développement de ses muscles et de ceux de l'épaule, résulte la vitesse de la marche ; et, de la liberté de son jeu et de celui des épaules, résulte la sûreté de cette marche.

On dit que les épaules sont *chevillées*, quand par mauvaise conformation elles ont peu de mouvemens; si ce défaut de liberté provient du manque d'exercice, elles sont simplement *froides* ou *engourdies*. L'accident le plus grave qui arrive à ces parties se nomme *écart;* il résulte de la distension des tissus qui les attachent aux côtes : lorsque les fibres musculaires ont été déchirées et les vaisseaux qui sortent de la poitrine attaqués, l'écart prend le nom d'*entre-ouverture*, alors l'animal est le plus souvent estropié pour toujours.

Après un simple écart, les animaux boitent avant ou après le travail : on doit rejeter tous ceux qui ont éprouvé de semblables accidens ; ordinairement ils portent à l'écurie l'extrémité malade en avant, ce qu'on appèle *faire des armes* ou montrer *le chemin de Saint-Jacques;* cette position a aussi d'autres motifs que l'écart qui pourra être reconnu au cercle.

DE L'AVANT-BRAS ET DU COUDE.

L'avant-bras a pour base le *cubitus ;* il présente, à sa partie supérieure, le coude formé par *l'apophise olécrane.* L'avant-bras doit être très-musculeux et séparé du bras par une dépression bien prononcée ; lorsqu'il est *grêle*, c'est un signe de faiblesse aggravé par son excès de longueur. L'avant-bras long et proportionné, le canon court et le *genou rapproché de terre*, indiquent un cheval vite dans ses allures. L'avant-bras court désigne un cheval qui *retrousse* beaucoup, par conséquent buttant moins, mais n'étant pas aussi vite et se fatiguant plus. Lorsque les coudes sont trop rapprochés du corps, l'extrémité est tournée en dehors et l'animal est *panard* ; les coudes trop écartés du corps font tourner l'extrémité en dedans et rendent le cheval *cagneux*.

Il vient quelquefois au coude une espèce de loupe appelée *éponge*, produite par le fer qui porte sur cette partie lorsque les animaux se couchent ; la ferrure y remédie.

DU GENOU.

Il est formé par l'articulation intermédiaire de l'avant-bras au canon, et il a pour base les *carpiens* ; sa largeur constitue sa solidité : la peau en doit être fine et l'*os crochu* le plus saillant possible. Si le genou est petit, il est faible et promptement ruiné. Lorsque le genou est en avant d'une ligne abaissée du milieu de l'avant-bras vu de profil, le cheval est *brassicourt*, ce qui est un grand défaut.

On dit que le cheval est *arqué* lorsque le genou est porté en avant par usure et non par conformation ; .. distingue l'un de l'autre en ce que dans la station le cheval *brassicourt* est ferme, quoique l'appui soit faux, tandis que l'extrémité de l'animal *arqué* est sans cesse vacillante.

On appèle *genou de bœuf*, celui qui est porté en dedans d'une ligne abaissée de la pointe de l'épaule à terre; ce défaut, quoique blâmable, n'empêche pas l'animal de servir.

C'est au genou que les chevaux se couronnent.

Par suite du travail, la peau y devient épaisse et les tendons s'empâtent; du repos et quelques soins font disparaître ces accidens.

Souvent le *périost* en se déchirant laisse épancher le *suc osseux*, et soude partie des carpiens, en formant des *exostoses* nommées *osselets*, dont le feu arrête les progrès; l'articulation perd beaucoup de son jeu par ces accidens, devient peu sûre et la claudication fréquente.

Les crevasses humides qui viennent au genou sont appelées *malandres* lorsqu'elles sont longitudinales, et *râpes* lorsqu'elles sont en travers: quelquefois le *capsule synoviale* se dilate et cause un gonflement qui n'est autre chose qu'un *vessigon*. Le genou est fort important à examiner.

DU CANON ET DU TENDON.

Ils ont pour base l'*os du canon* et le *tendon*; leur force dépend de leur écartement. La peau doit, pour ainsi dire, être collée à ces parties et laisser voir leurs

leurs interstices ; il faut qu'elles soient dénuées de longs poils, et qu'il n'en existe, à la partie inférieure, qu'un petit bouquet appelé *fanon*.

On appèle *suros* des épanchemens de suc osseux ; le *suros simple* n'existe que d'un côté, tandis que le *chevillé* occupe l'un et l'autre : on nomme *fusée* la réunion de plusieurs petits suros. Le danger de ces tumeurs augmente, en raison de leur position par rapport aux articulations et aux tendons. Il ne faut point confondre avec un suros chevillé les *boutons des péronnés* qui sont situés latéralement aux deux tiers du canon.

Quand le tendon est trop rapproché du canon au-dessous du genou, on dit qu'il est *failli* ; ce défaut est une preuve de faiblesse.

Le tendon, par suite d'usure, se raccourcit ; on sent alors, entre lui et la peau, des agglomérations nommées *ganglions*.

On appèle *javart tendineux*, un gonflement partiel de la peau et quelquefois du tendon, avec une ou plusieurs petites plaies ; quelques soins viennent facilement à bout de ce mal.

On nomme *nerf-ferure* ou *tendon ferru*, une atteinte que, par mauvaise conformation, les chevaux se donnent au tendon des membres antérieurs avec la pince des postérieurs.

DU BOULET.

Il est formé par la réunion du canon, du paturon et des *sésamoïdes.* C'est une des articulations les plus faibles; et qui, portant toute la masse à faux, se ruine promptement.

L'angle, dont le boulet est le sommet, doit avoir 145 degrés; s'il en a davantage, le cheval est *droit sur ses membres*: cette direction, ordinairement suite de l'usure, est quelquefois due à la conformation; alors les réactions sont très-dures et les os, portant trop directement les uns sur les autres, se fatiguent et se ruinent fort vite.

Si l'angle a moins de 145 degrés, le boulet est *trop près de terre*; il en résulte de la faiblesse, des *nerf-ferures, distensions* et *molettes.*

Le cheval est quelquefois panard ou cagneux par la seule déviation du boulet, qui, dans ce cas, est ordinairement *long-jointé.*

Les boulets trop petits sont faibles; leur usure s'annonce par leur changement d'inclinaison, par des exostoses qui apparaissent souvent à toute leur circonférence, ce qui fait dire qu'ils sont *cerclés.*

Les *molettes* sont très-fréquentes à cette partie; elles sont divisées en *simples, chevillées* et *soufflées*: ces dernières, les plus fâcheuses de toutes, occupent quelquefois tout le pourtour du tendon et du *suspenseur*, et déterminent la claudication.

On nomme *mémarchure* ou *effort de boulet*, l'accident qui, chez l'homme, s'appèle entorse.

On voit quelquefois, à la suite d'efforts très-violens, le suc osseux souder les os du boulet, ce qui constitue le *pied-bot;* l'animal est alors perdu sans ressources.

On dit qu'un cheval *se coupe*, lorsqu'il s'atteint, en marchant, à la face interne de l'extrémité voisine et à peu près au même endroit. On dit, au contraire, qu'il *s'entre-taille*, lorsqu'il se blesse en différentes parties.

DU PATURON.

Il a pour base le premier *phalangien;* la peau doit y être fine et les tendons apparens. Si le paturon a trop de longueur, on dit que le cheval est *long-jointé;* dans ce cas, ses réactions sont presqu'insensibles; mais il éprouve un tiraillement, dans ses muscles, qui le fatigue beaucoup.

Les chevaux qui ont une disposition contraire sont *courts jointés;* cette conformation leur procure plus de solidité, mais elle les rend moins agréables.

Les exostoses sont fort dangereuses à cette partie; la plus à craindre se nomme *forme*, elle occupe ses faces latérales ou antérieures, et détermine toujours l'action de boiter.

On appèle *eaux aux jambes*, des crevasses qui, surtout pendant l'hiver, viennent au boulet et au pli du paturon, avec écoulement d'une sérosité de mauvaise odeur.

Les *mules traversières* ou *traversines*, sont des crevasses sensibles, qui viennent au paturon; le plus souvent elles sont le principe ou la suite d'eaux aux jambes.

Quand l'animal s'est coupé la peau en s'embarrassant dans des longes, on dit qu'il a une *enchevetrure*.

DE LA COURONNE.

Elle a pour base le second *phalangien*; elle se confond avec le pied et le paturon.

Elle présente, à son union avec le *sabot*, un petit bourrelet qui nourrit la corne; la peau doit y être intacte et les poils dirigés de haut en bas : lorsqu'ils sont hérissés, et l'origine de la corne fendillée, on dit que la *matière souffle au poil*, ce qui amène souvent la chûte du sabot.

L'*atteinte* est produite par le heurt des pieds postérieurs contre les antérieurs. L'atteinte simple est peu redoutable; mais, lorsque les tissus ont été entamés, la douleur et la chaleur se font ressentir, l'atteinte prend alors le nom *d'atteinte sourde*, et *d'encornée*. Si la corne a été offensée, on doit promptement y remédier pour qu'elle n'amène pas le *javart encorné*, mal fort difficile à guérir, et qui exige une opération considérable.

Les *peignes humides*, sont un hérissement de poil à la couronne avec écoulement de sérosité; ils sont *secs*, lorsqu'il n'y a pas cet écoulement.

DU PIED.

Le troisième *phalangien* et *le naviculaire* lui servent de base ; ces deux os sont entourés par la corne, dont la totalité est nommée *sabot*, divisé ensuite en *parois*, *sole* et *fourchette*.

La parois est la partie la plus extérieure : elle se subdivise en *pince*, partie antérieure ; *mamelles*, parties latérales ; *quartiers*, celles qui les avoisinent en allant en arrière ; et enfin, en *talons* formés par l'arrondissement postérieur de la parois.

La *sole* et la *fourchette* existent à la face plantaire ; la première s'unit à la parois et reçoit dans son milieu la base de la fourchette, dont les bifurcations se prolongent dans chaque talon. L'étendue de la sole jusqu'à sa jonction avec la fourchette s'appèle *glacis*.

La prospérité de l'animal se rattachant en partie à l'intégrité et à la bonne direction du pied, on ne saurait l'examiner trop scrupuleusement. Les pieds doivent être en rapport avec le reste de l'extrémité ; il faut que la corne ne soit ni trop molle ni trop dure ; que la sole soit un peu creuse, et que la fourchette et les talons ne la dépassent point ; l'inclinaison de la pince doit être moindre que celle du paturon et former avec la terre un angle de 45 degrés.

Les pieds trop volumineux ont ordinairement leur corne molle et peu solide, on les nomme pieds *gros* ou *gras* ; ils sont exposés aux changemens de forme de la pince et de la sole ; la première en se rapprochant de l'horizontale, et la seconde en s'aplatissant constituent le *pied plat :* si ce défaut est poussé à l'excès, on dit qu'il est *comble.*

On appèle *pied dérobé,* celui qui se déferre très-facilement ; ce vice, fort dangereux à la guerre, est une conséquence assez ordinaire du volume excessif du pied.

Les défauts opposés sont, la petitesse, la sécheresse et la dureté de l'ongle, et la facilité qu'il a de s'écailler. Quand le pied est petit, et que la marche ne s'en trouve nullement gênée, il n'y a aucun inconvénient ; mais, quand par suite de cette petitesse extrême les tissus sont comprimés et la sensibilité excitée par le choc des corps durs, on doit rejeter l'animal qui exigerait des soins impraticables en campagne.

L'*inégalité des pieds* provient rarement d'une conformation naturelle ; elle est le plus souvent la suite ou de l'atrophie d'un membre lors d'une longue cure, ou de l'existence d'une tumeur osseuse qui, comprimant la chair cannelée, nuit à ses fonctions.

Les *quartiers faibles,* sont ceux qui ne peuvent supporter le poids qui pèse sur eux ; la corne, changeant alors de direction, met le pied de travers, et détermine ainsi les jeunes chevaux à devenir *panards* si le quartier interne est faible, et *cagneux* si c'est l'externe.

Le pied est dit *encastelé*, lorsque les quartiers et les talons sont trop serrés ; ce défaut cause de fréquentes claudications.

Les talons peuvent être *trop hauts* ou *trop bas* sans qu'il soit quelquefois possible d'y remédier ; plus l'animal est *court-jointé*, plus le premier défaut est grave ; plus il est *long-jointé*, plus le second est dangereux.

Il arrive fréquemment que la fourchette est *trop grosse* ou *trop maigre*; dans le premier cas elle est sujette à s'échauffer, et l'appui sur les talons devient douloureux ; dans le second ils sont trop serrés, ce qui est une disposition à *l'encastelure*.

Outre les défauts de conformation qui viennent d'être signalés, le pied est encore exposé à une grande quantité de maux, suites d'usure ou de manque de soin ; on divise ces affections 1.° en celles qui attaquent les parties séparément ; 2.° en celles qui affectent le pied en entier.

Les premières sont la *soie* ou *pied de bœuf*, la *seime* ou *seime-quart*, la *sole battue*, la *sole brûlée*, l'*oignon*, la *cerise*, les *bleimes sèches* et *suppurées*, le *pinçon* et le *cloud de rue*.

Les secondes sont l'*étonnement du sabot*, l'*avalure*, la *fourbure* ou *forbure*, le *pied cerclé* et le *crapaud*.

La *soie* ou *pied de bœuf* vient à la pince ; c'est une désunion de la corne, depuis la couronne jusqu'à terre : le cheval peut quelquefois en boiter, et le rapprochement des parties demande beaucoup de tems; si cette désunion existe aux quartiers, elle prend le nom de *seime* ou *seime-quart*.

La *sole battue* est celle qui a été trop comprimée par le fer ou par l'appui répété sur des corps durs; l'animal boite alors et réclame des soins et du repos.

La *sole brûlée* est le résultat du fer posé trop chaud sur la corne; ce qui détermine, dans les pieds petits, le desséchement du sabot.

On nomme *oignon*, une exostose survenue à la face plantaire de l'os du pied; l'animal boite lorsqu'il appuie dessus.

La *cerise* est une excroissance de chair qui a dépassé la sole; l'animal boitant facilement ne peut servir qu'après sa guérison.

On nomme *bleime*, une extravasion du sang entre la chair et la corne, causée par la meurtrissure de la sole; ces accidens se manifestent près des talons, et se divisent en *bleime suppurée* et *bleime sèche* : la première nécessite un traitement; la seconde n'a pas de suite. Le *pinçon* est un accident de la nature de la bleime sèche.

On dit que le cheval a un *cloud de rue*, lorsque la face plantaire du pied a été percée par un morceau de verre, un cloud ou tout autre corps dur; le plus dangereux est celui qui entre au milieu de la fourchette.

L'*étonnement du sabot* est produit par un choc violent sur un corps très-dur ; sa chûte peut en résulter promptement si les tissus ont été lésés : autrement la désunion de la couronne et de la parois s'en suit seulement : l'irrégularité, qui en est le résultat, se nomme *avalure;* elle disparaît à la longue.

La *forbure,* ou plus souvent *fourbure,* laisse des traces ineffaçables pour peu qu'elle ait été grave ; elle consiste en une accumulation de sang dans les vaisseaux de la *chair cannelée,* accumulation qui finit par surmonter leur résistance : le sang s'épanche alors entre la corne et l'os du pied, y devient corps étranger et change ainsi toute la forme du sabot. C'est toujours à la pince que ces ravages arrivent ; aussi l'animal fourbu ne marche que sur les talons, et n'opère jamais l'extension du membre en arrière. Lorsque cette maladie n'est pas traitée de suite, la parois, poussée par le sang extravasé, se recourbe en avant, l'os du pied se porte en arrière, la sole se sépare de la parois, et l'ouverture qu'elle forme se nomme *fourmilière;* c'est le dernier degré de la fourbure.

On appèle *pièd cerclé,* celui qui a, de distance en distance, des bourrelets dans son pourtour ; c'est une conséquence ou de la fourbure ou d'une affection des tissus.

Le *crapaud* est la plus dangereuse de toutes les

maladies du pied, il est presqu'incurable, et paraît être la désorganisation de la sole et de la fourchette : le pied exhale une odeur infecte et la claudication est peu apparente : cet accident équivaut presque à la perte de l'animal. Il ne faut pas confondre avec le crapaud, ce qu'on appèle *fourchette échauffée ;* car, dans ce dernier cas, si la fourchette est exposée à se gâter, du moins la sole n'y prend aucune part.

DEUXIÈME DIVISION.

DU CORPS.

DU DOS.

Il a pour base, les dernières *vertèbres dorsales*, et est borné par le garot, les reins et les côtes dont une partie cependant est comprise dans son étendue ; il doit être plus bas qu'une ligne inscrite du garot à la croupe, mais sans excès, ce qui constituerait le *cheval ensellé*, défaut qui oblige à une flexion trop considérable de la colonne, et cause la faiblesse et de fréquentes blessures. Le défaut opposé, est le *dos de carpe* ou de *mulet ;* alors il est convexe, a peu de souplesse et beaucoup de force pour porter les fardeaux les plus lourds.

DES REINS.

Les *vertèbres lombaires* leur servent de base ; ils

doivent être doués d'une grande force, et les reins courts dénotent cette force; tandis que leur faiblesse s'annonce par leur excès de longueur.

Si les muscles font saillie de chaque côté des épines des lombes, le rein est *double.* On dit des reins comme du dos, et par les mêmes motifs, qu'il est de *carpe* ou de *mulet.*

L'*ankylose* est la soudure des os qui servent de base aux reins; il y a alors beaucoup de solidité dans ces parties, mais les réactions sont d'une extrême dureté.

On nomme *immobilité*, une maladie des reins qui empêche l'animal de reculer, d'appuyer et descendre doucement une pente un peu rapide.

L'*effort de rein* est une distension des tissus de cette partie; l'animal paraît alors comme paralysé, et ne peut remuer l'arrière-main.

DES CÔTES.

Elles forment l'enceinte extérieure de la poitrine, et leur écartement indique sa largeur; pour être bien conformées elles doivent être arrondies, ce qu'on désigne par l'expression de côtes *bien contournées*: la conformation contraire constitue la *côte plate*, et annonce une poitrine étroite. Chez certains chevaux du Nord, les trois ou quatre dernières *asternales* forment une espèce de cavité.

Les côtes sont sujettes à se fracturer, et, lorsque c'est à la partie supérieure, le calus qu'elles forment, après leur guérison, frotte sur les parties molles et occasionne des blessures sur-tout s'il est comprimé par la selle.

DU PASSAGE DES SANGLES.

Ce nom indique assez cette partie ; elle peut être blessée par les sangles, quand elles se rapprochent trop du coude : elle est aussi le siège des vésicatoires apposés pour remédier aux affections de la poitrine.

DU VENTRE.

On appèle ainsi une masse molle, située entre les cuisses, les côtes et la partie inférieure du coxal ; elle est soutenue par des muscles et une expansion ligamenteuse. Le ventre doit s'unir aux parties environnantes ; lorsqu'il est trop volumineux il se nomme *ventre de vache* : cette conformation, qui donne de la lourdeur à la marche, prédispose encore à la *pousse* et aux *tranchées*. Le défaut opposé, est le ventre *retroussé* ou *levretté*, ce qui est un signe de faiblesse ; l'animal alors se *vide* au premier travail, et se nourrit difficilement. Les chevaux nommés d'*ardeur*, ont ordinairement cette conformation désignée par l'expression *étroit de boyaux*.

Le ventre, et sur-tout l'ombilic, sont exposés aux hernies causées par l'apparition au dehors d'une portion d'intestin ou de quelqu'autre tissu ; elles disparaissent ordinairement à la pression de la main, et sont susceptibles de beaucoup augmenter par suite du travail : ces affections se nomment *exomphales* ; celles qui viennent sur les côtés sont les moins dangereuses.

On doit se défier des tumeurs qui viennent au ventre et qui gardent l'impression des doigts, on les appèle *œdèmes ;* dans les jumens elles sont la suite de la trop prompte supression du lait.

Le *borborygme* est un bruit que certains chevaux font entendre en trottant ; ces animaux sont ordinairement exposés aux tranchées.

DES FLANCS.

On nomme ainsi les parties supérieures du ventre, qui s'étendent depuis les apophises transverses des lombes jusqu'à trois pouces au dessous des hanches ; et depuis les hanches jusqu'à la dernière fausse côte. Les flancs doivent être à peu près de niveau avec les parties environnantes ; lorsqu'ils forment une concavité, on dit qu'ils sont *creux*, et ils sont le plus souvent dans ce cas, ce qu'on appèle *coupés ;* c'est-à-dire que les muscles forment une espèce d'éminence des hanches à la dernière asternale, comme s'ils se contractaient pour les unir.

On dit que le flanc est *cordé*, par analogie de ressemblance avec une corde ; cet accident arrive toujours après les grandes fatigues : il y a alors beaucoup de roideur dans les reins et l'arrière-main ; et, s'il s'y joint un écoulement par les nazeaux, on doit craindre la courbature.

La *fortraiture* ressemble beaucoup à la courbature, et lorsque l'animal en est atteint, il a le flanc cordé et le poil mauvais.

Les mouvemens du flanc sont fort importans à examiner, puisqu'ils dénotent l'intégrité de la poitrine. Ces mouvemens doivent être égaux dans l'inspiration et dans l'expiration : lorsqu'ils sont égaux et trop précipités, on dit que le cheval est *gros d'halcine ;* ce qui arrive très-souvent, lorsqu'il est trop gras ou qu'il a un gros ventre : cette disposition nécessite des précautions dans le régime.

Le meilleur signe indicateur d'une bonne poitrine est lorsque la respiration se calme promptement après un exercice violent ; chez les animaux faibles, il faut quelquefois plus d'une demi-heure.

Quand les mouvemens du flanc ne sont pas réguliers, on doit craindre plusieurs accidens : le plus fâcheux est la *pousse ;* affection incurable qui nuit beaucoup au service du cheval. Elle s'annonce par une espèce de soubresaut produit dans l'expiration par une nouvelle inspiration courte et saccadée : il faut beaucoup d'habitude pour distinguer la pousse dans son principe.

Lorsque, sans être poussif, le cheval a la respiration accélérée et irrégulière, on dit qu'il a *un coup de vent ;* il réclame alors un bon régime et du repos.

TROISIÈME DIVISION.

DE L'ARRIÈRE-MAIN.

DES ORGANES DE LA GÉNÉRATION.

Ces parties sont, dans le cheval, le *penis* et les *testicules ;* et dans la jument, la *vulve* et le *vagin*.

Le *fourreau*, qui contient le penis, doit être dépourvu d'excroissances nommées *fics* ou *poiraux ;* le membre doit en sortir lors du rejet de l'urine ; autrement celle-ci, en coulant à l'intérieur, irrite les tissus, rétrécit l'ouverture et cause ainsi le *phimosis :* quand ce resserrement de l'orifice du fourreau s'opère sur le membre sorti, l'affection s'appèle *paraphimosis;* dans l'un et l'autre cas, le cheval réclame un traitement, et l'amputation du penis peut en être la suite.

Quelquefois une portion d'eau, d'air ou d'intestin, descend dans le *scrotum*, et produit des hernies toujours dangereuses.

On appèle *sarcocèles* l'excès de volume de l'un ou des deux testicules, causé par un amas de chair ; le *cordon spermatique*, se trouvant alors surchargé, la castration devient indispensable.

Il y a certains chevaux chez lesquels un seul testicule descend dans le scrotum ; la *castration* devient inutile dans ce cas : le testicule resté à l'intérieur suffisant pour conserver au cheval ses facultés génératrices. Pour le priver de ces facultés, on le *châtre*, on le *coupe* ou on le *hongre*, ou bien encore on le *bistourne* ou on le *fouette*.

Il faut se méfier d'un cheval qui, après la castration conserve une plaie au scrotum, un écoulement quelconque ou des excroissances nommées *champignons*.

La *vulve*, autrement nommée *nature*, dans la jument doit être sans excroissances ni éminences, telles que celles qui résultent du renversement de la membrane, ce qui constitue la *chûte du vagin ;* les jumens qui ont cette affection ont souvent les *fureurs utérines*, c'est-à-dire un appétit effrené de l'accouplement, sans que le coït produise autre chose qu'une irritation plus violente.

On appèle *feu* ou *chaleur* le désir de se rapprocher du mâle, manifesté par la jument, sur-tout au printems.

Pour empêcher la saillie on *boucle* les jumens.

Le *perinée* est la peau fine et sans poil qui existe, depuis le fourreau ou les mamelles, jusqu'aux ouvertures naturelles : le *raphé* est une espèce de couture qui existe au milieu du périnée.

C'est au peu de volume des mamelles qu'on reconnaît les jumens qui n'ont point encore produit.

L'*anus* ou *fondement*, est l'ouverture extérieure des

intestins ; cette partie doit être presqu'au niveau de celles qui l'environnent. Des ignorans, pour faciliter, à ce qu'ils pensent, la respiration des chevaux poussifs, pratiquent près de l'anus une ouverture à laquelle ils donnent le nom bizarre de *sifflet* ou de *rossignol.*

DE LA CROUPE.

Elle a pour base le *sacrum* et s'étend, sous une forme à peu près rectangulaire, d'une hanche à l'autre et d'une pointe de fesse à l'autre.

On désire généralement la croupe arrondie dans tous les sens ; mais cela n'est cependant pas une règle invariable de sa beauté.

Chez certaines races, la croupe est tranchante dans son milieu, et présente beaucoup d'obliquité depuis son sommet jusqu'à la queue ; c'est ce qu'on appèle *croupe de mulet.* D'autres chevaux ont la croupe et la queue de niveau, ce qui est seulement désagréable à la vue.

Quand les muscles font saillie de chaque côté du sacrum, on dit que la croupe est *double.* Ces sortes de croupes sont ordinairement *coupées* ou *avalées* ; c'est-à-dire qu'elles s'éloignent de l'horizontale pour se rapprocher de la verticale : la queue alors est attachée fort bas et ne peut être bien portée.

Les mouvemens de la croupe, quoique peu étendus, sont importans à examiner ; ils consistent dans un léger abaissement au moment du départ au trot, ce qui alors est un signe de franchise : quand au contraire le cheval en trottant voute ses reins, élève sa croupe en la berçant, il annonce ainsi sa faiblesse : on dit de lui, qu'il *berce sa croupe.*

On appèle *cul de poule* un amas de graisse autour de l'attache de la queue.

DE LA QUEUE.

Les *coccygiens* lui servent de base ; lorsque les crins qui la revêtent sont longs et bien fournis, on dit que l'animal a un *beau fouet :* lorsque la queue est assez dégarnie de poils pour laisser voir la peau, elle est nommée queue de *rat.*

Un cheval est *niqueté*, quand les abaisseurs sont coupés ; il est *anglaisé*, lorsque les crins sont coupés au niveau du tronçon qui lui-même a été raccourci.

On dit la queue *coupée*, quand elle est raccourcie sans opération ; on nomme queue en *balai*, celle dont le tronçon est coupé sans que les crins le soient. La queue en *catogan*, est celle qui n'a que cinq à six pouces.

La queue est exposée à se blesser ou à tomber gangrenée lorsqu'elle a été serrée trop fort et trop long-tems.

On a vu des maquignons assez impudens pour mettre des queues postiches.

DES HANCHES.

Elles ont pour base la pointe des iléons ; leur

élévation outrée constitue le cheval *cornu;* on dit aussi qu'il est *éhanché* ou *époінté*. Quand un des iléons a été fracturé et qu'il reste déprimé, on doit alors examiner attentivement les mouvemens de l'animal, pour reconnaître les conséquences de cet accident qui peut déranger, dans un jeune cheval, la *symphyse* du coxal ou bien l'articulation de cet os avec les vertèbres, ou celle avec le femur, ce qui laisse des suites toujours apparentes.

DE LA CUISSE.

Elle a pour base le femur; l'élévation des muscles qui la forment constituent sa force et sa beauté, tandis que leur trop peu de volume annonce sa faiblesse et la fait appeler cuisse *plate.*

Il arrive à la cuisse des distensions appelées improprement *efforts de hanche;* lorsque cet accident est porté au dernier degré, que la tête du femur est sortie de la cavité cotyloïde et que le ligament rond est rompu, l'animal est perdu sans ressources; cette luxation est fort rare.

On nomme vulgairement boiteries de *vieux mal*, des claudications dont on ne connaît pas la cause, et qui doivent être attribuées, plutôt à des affections du bas de l'extrémité à cause de sa faiblesse, qu'à celles de sa partie supérieure qui en est souvent regardée comme le siège.

Le feu, que l'on met à la cuisse pour remédier à un

accident quelconque, ne doit pas être confondu avec des marques de haras que l'on cherche à imiter lors de l'opération.

DES FESSES.

Elles dépendent des cuisses et sont formées par les tissus qui s'étendent à toute la face postérieure du femur; l'iskion en forme la *pointe* et, au dessous d'elle, règnent les muscles qui se terminent au *calcaneum* : on les désire bien prononcés, ainsi que ceux de la partie interne.

Lorsqu'il existe des cicatrices de sétons aux fesses, il faut craindre le *vertige* ou *vertigo*, maladie fort dangereuse qui paraît à plusieurs reprises; le cheval qui en est atteint, tourne, se débat et se frappe la tête; dans cet état il est fort difficile à approcher, et il semble être véritablement enragé.

Cette maladie reconnaît plusieurs causes; comme, par exemple, une chûte, des coups sur la tête, l'action long-tems continuée d'un soleil trop ardent; ou bien encore, un excès dans le manger.

DU GRASSET.

Il a pour base la rotule environnée de tissus gras et mous, recouverts d'une peau fine et très-souple. La rotule sert à opérer l'extension de la jambe, et est très-exposée à la *luxation*.

DE LA JAMBE.

Le tibia lui sert de base; elle doit être fort

musculeuse à sa partie supérieure et présenter inférieurement *la corde du jarret* bien détachée du tibia.

Les conséquences de la longueur ou de la brièveté de la jambe, sont les mêmes que celles tirées des dimensions de l'avant-bras.

A la face interne de la jambe, passe la veine saphène qui n'a rien de particulier, mais qui donne occasion de parler d'une affection contagieuse, compagne de la morve, et nommée *farcin*; cette maladie, qui n'est point incurable, s'annonce par l'apparition de boutons qui se succèdent en suivant le trajet des veines; lorsqu'ils arrivent aux endroits où elles pénètrent dans l'intérieur, l'animal est perdu.

DES JARRETS.

Ils ont pour base les os du tarse. Les jarrets doivent être secs et bien évidés, larges vus de profil et plats vus par derrière. Leur largeur, qui est si importante, provient de la longueur du calcaneum et de son écartement du tibia; la *corde du jarret*, vulgairement appelée *nerf*, vient s'attacher à la pointe du premier de ces os. Le calcaneum et le tibia doivent former ensemble un angle de 45 degrés; quand il a moins, le *jarret est droit* : des réactions dures, une prompte ruine et des mouvemens raccourcis sont les conséquences de cette conformation. Lorsqu'au contraire l'angle a plus de 45 degrés, il en résulte deux manières de se placer : dans la première, le jarret est près de terre et l'extrémité sous le centre de gravité; ce qui produit un tiraillement continuel dans les muscles, et des atteintes et nerferures fort fréquentes, le jeu des extrémités postérieures étant trop étendu; cette conformation se nomme jarret *coudé*. Dans la seconde manière de se placer, le jarret est de niveau, ou en arrière d'une ligne abaissée de la pointe des fesses à terre; alors le tibia est trop oblique, tandis que le boulet ne l'est pas assez; cette disposition, en rendant l'arrière-main trop haut, écrase l'avant-main, et les chevaux, ainsi conformés, sont difficiles à rassembler : ils sautent facilement, et ne peuvent descendre avec rapidité; on exprime ce défaut, (beaucoup plus grave que le manque d'ouverture des jarrets), en disant que l'animal est *jarreté*.

Il y a certains chevaux dont les jarrets sont vacillans dans la marche, ce qui annonce la faiblesse et met les articulations hors de leur aplomb; on dit, dans ce cas, que le cheval *flageole*.

Quelquefois les jarrets sont trop ou pas assez écartés l'un de l'autre; dans le premier cas, le cheval a de la solidité aux allures lentes, mais il est lourd et gêné au galop; dans le second, l'animal est *crochu* ou *clos de derrière*: ce défaut, ordinairement racheté par de la sécheresse et de la largeur dans l'articulation, est assez le propre des animaux coureurs.

Les jarrets sont exposés à plusieurs accidens qui

s'annoncent par l'augmentation des parties affectées; ils se divisent en tumeurs molles et tumeurs dures.

Des tumeurs molles. Elles sont au nombre de six, le *capèlet* ou *passe campane* ou *campagne*, le *vessigon*, la *varice*, les *solandres* et l'*hydropisie du jarret*.

Les *capelets*, sont un simple engorgement de la peau à la pointe du jarret.

Les *vessigons*, sont des tumeurs synoviales, qui viennent entre le tibia et le calcaneum; ils sont divisés, comme les molettes, en *simples*, *chevillés* et *soufflés*.

La *varice*, est une dilatation de la saphêne à la face antérieure et interne du pli du jarret; elle fait facilement boiter l'animal.

Les *solandres*, sont des crevasses de la nature des malandres du genou; elles prennent de même le nom de râpes lorsqu'elles sont transversales.

L'*hydropisie du jarret* consiste dans la réunion de toutes les tumeurs molles qui viennent d'être signalées; l'articulation alors est tout-à-fait ruinée.

Des tumeurs dures. Elles sont au nombre de quatre, les *éparvins*, la *courbe*, la *jarde* ou *jardon* et l'*ankylose du jarret*.

On distingue trois sortes d'éparvins qui n'ont aucun rapport entre eux, l'*éparvin sec*, l'*éparvin de bœuf* et l'*éparvin calleux*.

L'*éparvin sec* consiste en un mouvement convulsif de l'extrémité, lorsqu'elle quitte le sol; quand ce défaut est poussé à l'excès, on dit que le cheval *harpe*.

L'*éparvin de bœuf* occupe toute la face interne du jarret; dans le principe il a peu de dureté, mais il finit bientôt par s'ossifier, et nuit aux mouvemens de l'articulation.

L'*éparvin calleux* est une exostose qui vient à la face interne et inférieure du jarret; elle soude la première rangée des os aplatis, et si elle ne détermine pas toujours la claudication, du moins cause-t-elle une grande roideur.

La *courbe* est une tumeur dure qui vient sur une éminence osseuse et naturelle, située à la partie inférieure et interne du tibia, au dessus et un peu en avant du jarret: dans son état sain, l'éminence est un peu pointue, mais quand la courbe y vient, elle s'arrondit irrégulièrement; alors les tendons sont offensés, ce qui, presque toujours, fait boiter le cheval.

La *jarde* vient à la face externe postérieure et inférieure du jarret, à la jonction du péronné au canon; quand elle est peu volumineuse et qu'elle n'apparaît que sur le côté, on la nomme *jardon*; mais quand elle gagne la face postérieure et se joint au au péronné interne, elle prend le nom de jarde, et cause ordinairement des claudications.

Quand plusieurs tumeurs osseuses ont soudé les os du jarret, on dit qu'il est *ankylosé;* alors le cheval est tout-à-fait estropié.

DE LA CHATAIGNE.

On nomme ainsi, une excroissance de corne qui vient à la face interne et moyenne des jarrets et des avant-bras; on la tient au niveau des parties environnantes en la coupant, autrement elle s'allonge en forme d'ergot et tombe par écailles. Certains chevaux n'ont point de chataignes; et, ceux qui ont de la race, les ont généralement plus petites que les animaux communs.

DU CANON, DU BOULET, etc.

Ces parties doivent être comme celles de l'avant-main, excepté que les tendons fléchisseurs du pied sont toujours aussi distans du canon, à leur partie supérieure qu'à leur partie inférieure : les suros et les molettes ont la même importance aux extrémités postérieures; les eaux aux jambes y naissent fréquemment, la corne diffère de celle des pieds antérieurs; et si l'excès de petitesse de l'ongle est plus rare aux pieds de derrière, la désorganisation de la sole y est en revanche beaucoup plus commune.

Lorsque la parois de la sole devient verticale, ce qui n'arrive jamais à l'avant-main, le cheval est *pinçard* ou *rampin*, ce qui est un très-grand défaut.

Quand les extrémités postérieures atteignent, dans leurs mouvemens, le fer des pieds antérieurs, on dit que le cheval *forge;* dans ce cas l'animal est très-sujet à se déferrer.

En terminant l'énumération de tant de maux, on voit qu'il est presqu'impossible d'avoir des chevaux *sains* et *nets ;* il faut donc chercher à établir une compensation entre le bien et le mal, et examiner les chevaux relativement au service auquel ils sont destinés.

COMPLÉMENT D'EXTÉRIEUR.

DES ROBES.

Elles se divisent en simples et composées; les robes simples sont celles dont la couleur est à peu près uniforme : les robes composées sont celles qui offrent un mélange plus ou moins confus de couleur.

DES ROBES SIMPLES.

Le noir se subdivise en noir *mal teint* qui est le moins foncé et *noir franc*, qui ne diffère du *jayet* que par le reflet très-brillant de ce dernier.

Le blanc, que le plus grand nombre pense ne venir qu'avec l'âge, varie ses nuances de trois manières : 1.° le *blanc mat* est terne comme de la craie ; 2.° le *blanc argenté* brille beaucoup ; 3.° le blanc porcelaine est légèrement bleuâtre.

LE BAI a une couleur tirant sur le rouge, mais avec les extrémités et le plus souvent les crins noirs; ses nuances sont : 1.° le *bai clair* tirant sur le jaune et assez souvent lavé ; 2.° le *bai doré*, robe superbe qui au soleil a l'apparence d'un tissu en or ; 3.° le *bai cerise* ou *sanguin* est celui qui a la teinte rouge la plus décidée ; 4.° le *bai sanguin châtin*, moins rouge que le précédent, ayant l'extrémité extérieure du poil un peu noire ; 5.° le *bai marron* plus foncé que le précédent, le dessus du corps est presque noir, et la teinte s'éclaircit sur les flancs et les côtes, et y devient rougeâtre ; 6.° le *bai brun* est presque noir ; le nez, assez ordinairement, est jaunâtre, ce qui s'appèle *nez de renard :* si des taches de la même nuance apparaissent sur quelques parties du corps, le cheval est *marqué de feu.*

L'ALEZAN se rapproche du jaune ; il diffère du bai, en ce que les crins et les extrémités sur-tout sont de la même teinte que le fond de la robe ; ses nuances sont : 1.° l'*alezan clair* qui est le moins foncé ; 2.° l'*alezan doré*, tirant sur le jaune et brillant comme le bai doré ; 3.° l'*alezan cerise* qui tire sur le rouge ; 4.° l'*alezan obscur*, moins brun que le suivant ; 5.° l'*alezan brûlé* qui ressemble à du café torréfié. Lorsque le cheval alezan, quelque soit sa nuance, a les crins blancs ou blanchâtres, on appèle cela *poil de vache* ; il est mieux de dire crins *blancs*, *blanchâtres* ou *mélangés*.

DES ROBES COMPOSÉES.

Le gris est formé par le mélange des poils noirs et blancs, 1.° le *gris clair* a beaucoup de blanc; 2.° le *gris argenté* a un reflet brillant; 3.° le *gris sale*, le noir y domine; 4.° le *gris ardoisé*, le blanc qui entre dans sa composition est bleuâtre; 5.° le *gris brun* est le plus foncé; 6.° le *gris étourneau* ressemble au plumage de cet oiseau; 7.° le *gris moucheté*, c'est un mélange de quelques taches noires sur un gris quelconque; 8.° le *gris tigré*, les taches y sont plus larges que dans le précédent; 9.° le *gris marbré* a des raies irrégulières; 10.° le *gris souris*, sa nuance est uniforme et la prédominence du noir ou du blanc constitue le *gris de souris brun* ou *clair*.

L'Aubère est un mélange d'alezan et de blanc; ses divisions sont: 1.° l'*aubère clair* qui a plus de blanc que d'alezan; 2.° l'*aubère foncé* dans lequel l'alezan domine; 3.° le *truité*, formé par de petits bouquets jaunes parsemés sur un fond blanc; 4.° le *fleur de pêcher* ou *mille fleurs* résulte de petits bouquets blancs sur un fond où l'alezan domine.

L'Isabelle est un mélange d'alezan et de blanc qui, en s'unissant, forment une teinte jaune; ses divisions sont : 1.° l'*isabelle clair*, la racine des poils est jaunâtre et l'extrémité blanche ; 2.° l'*isabelle foncé* est tout le contraire du précédent ; 3.° l'*isabelle doré* est très-brillant ; 4.° l'*isabelle soupe de lait* ressemble au lait dans lequel se trouverait délayé un peu de jaune ; 5.° l'*isabelle café au lait* a une teinte plus brune. Les isabelles, proprement dits, ont tous les crins noirs et une *raie de mulet.*

Le pie est un poil dans lequel se trouvent de grandes taches noires, grises, etc., ce qui fait dire *pie noir, pie gris, pie alezan* et ainsi de suite.

Le louvet est un mélange de bai, d'alezan et de noir : lorsque l'extrémité du poil de cette robe est d'un jaune sale, cela constitue le *fauve* ou *poil de cerf.*

Le rouan est la réunion du noir, du blanc et de l'alezan ou du bai ; ses divisions sont : 1.° le *rouan clair ;* 2.° le *rouan vineux* ou *sanguin ;* 3.° le *rouan foncé :* le blanc domine dans le premier, le bai dans le second et le noir dans le troisième. Lorsque la tête des chevaux rouans est noire, on dit qu'ils sont *cape* ou *cavecés de maure.*

Il y a encore un mélange de blanc argenté, de noir brillant et de bai doré qui forme les robes *bronzées* ou *cuivrées.*

Des marques distinctives pour les signalemens.

Un poil est *pommelé*, quand sur une robe quelconque

il y a des surfaces arrondies plus claires que le fond; l'expression de *miroité* exprime une disposition contraire. Le mot *rubican* désigne l'existence de quelques poils blancs sur une robe simple.

La *raie de mulet* est une bande noire qui commence à la crinière et finit à la queue.

Zebré indique des raies noires et transversales qui se rencontrent aux cuisses et aux avant-bras.

Tisonné désigne des taches irrégulières de noir.

Ladre dénote une couleur blafarde de la peau aux ouvertures naturelles.

Zain signifie l'absence totale de poils blancs.

La *pelote en tête* est une marque blanche et arrondie, qui se trouve au milieu du front; si elle s'étend sur le chanfrein en diminuant de largeur, c'est une *lisse en tête ;* si elle occupe le bout du nez seulement, c'est une *lisse au bout du nez ;* et, enfin, si elle occupe le front, le chanfrein et le bout du nez, elle prend le nom de *lisse prolongée entre les deux nazeaux.* Si le front est presque blanc, cela se rend par *fortement en tête ;* si ce blanc se prolonge et s'élargit beaucoup, c'est un *chanfrein prolongé* ou *belle face.* La lèvre antérieure est-elle blanche, le cheval *boit dans son blanc ;* et lorsque la postérieure a la même couleur, il *boit fortement dans son blanc.*

Les *balzanes* sont des marques blanches qui occupent les extrémités.

On dit *principe de balzane,* quand elle n'occupe pas tout le pourtour du paturon ou de la couronne, et *petite balzane* si elle règne sur ce pourtour ; quand elle ne dépasse pas le boulet elle se nomme simplement *balzane;* si elle va jusqu'à la moitié du canon, elle prend le nom de *balzane chaussée*, ensuite de *haute chaussée* si elle gagne le genou ou le jarret ; et, enfin, de *trop haute chaussée* si elle dépasse ces deux articulations.

La *balzane mouchetée* est parsemée de petites taches noires ou alezan. Une balzane est *dentelée,* quand elle a des dents irrégulières ; et *pointue,* quand elle se termine en pointe : quand le poil de la balzane et celui de la robe se mêlent ensemble de manière à faire autour de la première une espèce de liseret gris ou aubère, la balzane est *bordée*, ce qui s'applique également aux marques en tête.

On appèle *épi* un rebroussement de poils qui ne sont pas couchés dans l'ordre ordinaire ; il y a deux sortes d'épis, les *excentriques,* dont les poils ont leur racine vers le centre et la pointe, vers la circonférence et les *concentriques*, qui ont une disposition toute contraire. L'*épée romaine* est un épi allongé qui vient à la partie supérieure et latérale de l'encolure.

Tels sont les élémens principaux des signalemens auxquels on ajoute le sexe, l'âge et la taille. Pour bien signaler un cheval, il faut s'attacher sur-tout à indiquer les marques distinctives, plutôt qu'à chercher à préciser scrupuleusement la nuance de la robe, nuance si susceptible de variation, soit par suite de l'influence des saisons ou de l'état de santé du cheval, qu'un animal signalé à une époque pour avoir telle nuance dans le poil, est souvent désigné par le même artiste, après un certain laps de tems, pour en avoir une toute différente.